Le Grenier

Ulysse Steevens Esaïe

Published by Ulysse Steevens Esaïe, 2024.

LE GRENIER

First edition. May 25, 2024.

ISBN: 978-2115253212

Written by Ulysse Steevens Esaïe.

Table des Matières

Introduction

L e Grenier est un livre consacré à tous les chrétiens et ceux qui souhaitent changer leur vie par moyen d'une conversion sincères et concrète, et à travers ce livre, vous allez découvrir le vrai sens de la vie chrétienne dans tout les points concernant la vie du vrai croyant : le culte, les pratiques, les habitudes et autres.

Dans cet ouvrage, la parole de Dieu est décortiquer et il y a certaines questions dont leurs réponses sont mis au large pour être comprises.

Ce document est disponible pour tout les croyants, ceux qui savent aussi quelle est l'importance de la parole de Dieu et de la servitude auprès du grand créateur du l'univers.

Comme certains d'entre vous le sait déjà, La servitude auprès du Dieu vivant est sujet à une vie éternelle et c'est pour nous une assurance dans ce monde, quand nous en avons la conscience de ce que représente pour nous les parcours de Jésus Christ sur la terre.

En revanche, l'Évangile que je veux vous enseigner ne régi pas seulement à travers les cultes, autrement dit, les moments réservés à Dieu pour montrer combien il est important pour nous et combien nous en sommes reconnaissant pour tout ce qu'il à fait dans notre vie, mais, d'une forte certitude, nous avons besoin d'une connaissance assidue afin de lutter dans les moments des adversités et de ne pas troublé quand vous obtenez des paroles ou des prédications dans des différentes endroits.

À noter qu'il est important pour vous de savoir comment il est dangereux quand vous marchez dans plusieurs congrégations différentes, cela peut sujet d'une chute ou d'une impossibilité d'apprendre et de comprendre ce que Dieu lui-même veut vous enseigner pour vous faire grandir dans la foi et vous aider à ne pas être victime de la gangrène du manque de connaissance.

Ce que nous devons également apprendre ensembles de ce grand créateur, c'est qu'il est vivant, qu'il règne et subsiste pour l'éternité.

Après le péché qui a entraîné le mal dans le monde, vous voyez comment Dieu lui-même s'est donner en sacrifice pour nous sauver et nous libéré de la manipulation du malin.

Le Christ s'est immolé à la croix, il a porté nos péchés afin que nous ne soyons pas condamné avec " Satan " l'ennemi de Dieu et de ses enfants ; car, il sait qu'il ne parviendrait pas à trouver la faveur du Dieu vivant, pour cela, il a adopté des mesures par la ruse afin d'avoir avec lui une multitude de créatures de Dieu dans la géhenne, dont, le tourment éternel.

C'est ça que Dieu à toujours voulu nous faire éviter en utilisant des méthodes très particulier pour nous apprendre à conserver notre âme afin de ne pas subir la même punition que le malin.

La première chose à faire, c'est de vous mettre dans le clan de Dieu, d'accorder au seigneur une emprise sur votre vie ; non seulement vous confier tout entier à lui, mais aussi, accepte de recevoir la vie éternelle tout en reconnaissant que Jésus Christ est votre sauveur et qu'il a donné sa vie pour vous sauver de ce grand jour de malheur qui s'approche sur le monde comme il était écrit depuis dans le temps ancien.

Selon Colossiens 4 : 5, il est dit que vous devez vous conduire avec sagesse envers ceux du dehors et de racheter le temps. Cela veut dire que : pendant que vous acceptez de donner votre vie à Dieu, votre conduite sera l'un des points le plus important pour conserver cette priorité, car, vous n'allez pas mourir après avoir donner votre vie en sacrifice à Dieu, mais, vous allez continuellement vivre les expériences de la vie et vous battre pour conserver ce précieux cadeau que Jésus Christ nous a permis de recevoir de la part de son père qui est dans les cieux.

Puisque à travers les sainte écritures nous avons appris que le salaire du péché c'est la mort, et que le don gratuit de Dieu c'est la vie éternelle, ce que nous avons reçu après avoir confessé de tout votre cœur et de tout votre âme que Jésus Christ a été mort et ressuscité pour vous rendre libre du péché en recevant le pardon, selon (Romain 6 : 23), il est nécessaire maintenant de vous pencher vers l'obéissance et le respect de la parole, car par elle tout a été créé, et par elle, la vie est venu sur la terre qui, autrefois, n'était que le néant et que nous, à notre venu sur terre, nous n'étions que des masses informe (Psaumes 139 : 16).

Si vous avez accepté de vivre une expérience nouvelle, ou que vous voulez réellement vivre une vie pour faire savoir que Dieu vous a sauver à travers Jésus Christ, vous devez apprendre a comprendre et a apprendre la parole de Dieu, ce que Dieu veut de vous.

D'après 1thessaloniciens 4: 3, il est clairement écrit que ce que Dieu veut réellement de nous c'est la sanctification, ce que nous allons apprendre dans les chapitres précédents et que nous allons maintenant comprendre que Dieu ne nous demande pas beaucoup pour mener une vie qui lui plaît tout en respectant le ligne de l'Évangile tracé par Jésus Christ et mener continuellement par ses disciples, qui maintenant fait place à nous les croyants, chrétiens authentique ; ce qui concerne aussi la vie éternelle qui nous est réservé après la mort physique ou l'enlèvement de l'église comme il est écrit dans le nouveau testament.

Depuis les anciennes écritures, Dieu a toujours fait référence à son avènement, comme on le sait tous, il est un Dieu omniscient, car il sait tout ce qui va arriver à l'avenir et il planifie la vie de ceux qu'il veut et connaît le voie de chacun de nous.

De ce fait, vous avez besoin de vous mettre dans la bonne position, celle qui est sujet à une vie réserver à servir le Dieu vivant et de mettre ses paroles en pratique afin de pouvoir conserver ce don gratuit qu'il a fait à tout les hommes qui confessent que Jésus Christ est leur sauveur et qu'il s'est donné en sacrifice pour le pardon de nos péchés, car lui qui était saint, s'est fait pécheur pour nous sauver de la géhenne.

Donc, repentez-vous! Car il est écrit : Il y a de la joie devant les anges de Dieu pour un seul pécheur qui se repent. (Luc 15 : 10)

La repentance n'est pas seulement pour ceux qui ne connaissent pas encore la vérité, ou ceux qui nient l'existence de Dieu et l'importance de sa parole, mais aussi, ceux qui étaient échoués dans les parcours, ceux qui ont été égarés, tombés et perdus dans le chemin.

La conversion du croyant

Q<u>u'est-ce que la conversion de l' âme ?</u>

D'après 1 Jean 1 : 9, il est écrit que si nous confessons nos péchés, il est fidèle et juste pour nous les pardonner, et nous purifier de toute iniquité.

Si nous voulons accorder une vraie définition à ce thème par rapport au texte suivant, nous pouvons dire que la conversion c'est un changement de vie et de comportement, par rapport aux pratiques d'avant et maintenant que nous nous sommes dépouillés de toutes péchés et de toutes souillures, alors que nous avons reçu un modèle de vie pour être mis à part pour Dieu et être appelés des saints, à travers l'application de la parole de Dieu dans notre vie quotidienne, après avoir confessé nos péchés ; reconnaissant que Jésus Christ était venu pour nous sauver et nous fait appelé : enfants de Dieu.

La conversion est un passage d'une autre manière de comprendre Dieu en acceptant de vivre selon sa parole, au point même de vivre selon sa volonté. À travers votre conversion, Dieu veut vous rendre libre, il est prêt à porter vos soucis, vos peines et tout ce qui vous ont fait souffrir dans la vie.

Le seul moyen de vous sauver la peau au jugement, c'est d'accepter de changer votre vie, de confessé à Dieu vos péchés et lui serve de tout votre cœur.

En plus, cela produit chez vous un changement radical dans votre vie, que tout le monde peut constaté après vous avoir libéré de vos transgressions et de vous laissez guider par la parole du Dieu vivant.

Tel que je suis, est-ce qu'une personne comme moi peut faire l'objet d'une bonne conversion ?

En effet, nous ne sommes pas tous différents par rapport au châtiment qui nous est réservé après la mort, ou même après l'enlèvement de l'église.

D'après Jean 3 : 16, il est écrit noir sur blanc que Jésus Christ est mort pour nous tous, la personne que nous sommes ne peut pas empêcher à Dieu de nous accorder son pardon ; d'ailleurs, selon Matthieu 11 : 28 il est écrit que tous ceux qui sont fatigués et chargés, cela signifie que Dieu ne fait acception de personne, car le sacrifice est pour tout ceux qui reconnaissent que Jésus est venu pour nous délivrer et libérer du péché.

Si c'est vos lèvres qui sont impur, il est capable de vous purifier comme il l'avait fait pour Esaïe le prophète.

Si c'est votre cœur qui est dur, il peut le changer en cœur de chair ; car il est venu pour nous sauver et non pas pour nous condamner.

Cependant, votre condamnation dépend de vous, elle dépend de votre incrédulité et de votre désobéissance, puisqu'il a laisser des hommes et ses ordonnances pour que l'on sache qu'il est le seul seigneur et par lui nous avons la vie.

Tout le monde entier est sujet de la grâce du seigneur, peut importe votre couleur ou votre race, vous devez savoir que nous avons tous été créé par un seul être divin qui est assis sur son trône dans les cieux.

Est-ce que mes tatouages ne m'empêchera pas de sauver ?

C'est une des questions les plus rares à avoir une réponse dans les documents, cependant, cette question est très importante à souligner pour certaines personnes qui ont besoin plus de renseignements sur cette affaire.

Comme il est écrit dans Jean 3 : 16, tout ce qui est du passé reste au passé, car, parfois on agit sans avoir l'idée de ce que nous faisons de notre propre corps ; Dieu à clairement dit que notre corps n'est pas seulement un enveloppe naturel pour l'âme, mais aussi, c'est le temple du Saint-Esprit ; cela veut dire que nous devons le garder sain et ne pas l'utiliser comme bon nous semble.

Vous devez aussi savoir que Dieu ne s'en ténu pas compte des temps d'ignorance, selon (Acte 17 : 30) nous avons une figure qui nous montre comment Dieu, il veut simplement que tout le monde aient accès à cette vie joyeuse, cette bonne nouvelle annoncer par Jésus Christ et ses disciples

Par conséquent, nous devons également veiller sur le temple du Saint-Esprit ; et si cela arrive que vous aviez fait des dessins avant votre conversion, ne dit pas que le seigneur ne vous pardonnerez jamais, d'ailleurs il a dit lui-même, que même si le péché est rouge comme la cramoisi, il peut le rendre plus blanc que la neige (Ésaïe 1 : 18).

Mais, il faut éviter de continuer à ajouter des dessins sur votre corps, car si vous savez maintenant que votre corps est le temple du Saint-Esprit (1 Corinthiens 6 : 19), vous devez faire attention à ce que vous pratiquez maintenant après avoir reçu le don du Dieu vivant.

Selon (Romain 8 : 1), la bible nous apprends que tout ceux qui ont reconnus Jésus Christ comme leur sauveur, n'a donc aucune condamnation sur sa vie ; cependant, cela reviens a vous d'appliquer la loi de Dieu dans votre vie et l'insérer dans votre cœur.

Cela ne signifie pas que vous avez le droit de faire tout ce que vous voulez, comme bon vous semble, non.

C'est pourquoi nous devons tous chercher à savoir ce que nous demande la Bible pour conformer notre vie selon la voie que nous avons à suivre, à ce sujet, tout ce que nous faisions dans les moments d'ignorance doivent être prises en compte et vous abstenir de toutes sortes de pratiques qui peuvent déranger votre condition spirituel.

En conclusion, si les tatouages ne peuvent pas effacer de votre corps, vos péchés eux-mêmes, peuvent être effacer par le sang de Christ qui a été versé à la croix pour le pardon de nos péchés.

Qu'est-ce que le péché ?

On peut dire " péché ou transgression " selon le terme que vous voulez employé.

D'après des éléments tirés de la parole de Dieu, les péchés sont des actes opposés par rapport aux fins de la pratique du bien ; ce sont aussi des préjudices ayant commises contre la volonté de Dieu en agissant dans la désobéissance de sa loi.

Le péché est pareil au raton laveur, comme sa fourrure elle douce, et nous ronge à l'intérieur jusqu'à ce qu'il finit par nous détruire.

Selon Romain 6 : 23, il est clair que le péché à une fin regrettable, le résultat de nos péchés sont sujet à une chose que personne ne peut l'épargner : " La mort ".

N'en parlons pas de la mort physique, car la mort physique est sujet d'une simple séparation de l'âme et du corps ; cette mort dont on parle, n'est pas simplement en définition de la mort physique, mais, d'une mort éternelle.

Homme frère, le péché est un poison violent pour l'âme, tandis qu'il paraît satisfaisant pour le corps et ses désirs qui sont contraire à la volonté de Dieu; à noter que, nous serons tous comparaître devant le trône pour être juger selon nos actes, et le résultat final, nous pouvons nous même en deviner par rapport à la vie que, affichant tout les jours de notre quotidien, nous vivons malgré avoir connus la vérité.

Après le premier péché, vous savez comment Dieu, il avait réagi par rapport au désobéissance de l'être qu'il avait créé pour gouverner sa création ; vous savez aussi l'histoire de Sodome et Gomorrhe, qui ont été réduits en cendre parce que ces derniers ne produisaient que tout ce qui était contraire à la volonté de Dieu.

Alors, pour avoir une bonne conversion, vous devez accepté que le péché et vous doivent être séparer, en vous soumettant à la parole de la vérité que Dieu nous a permis d'établir dans notre cœur, afin d'éviter toute mauvaises pratiques de nos quotidiens.

Est-ce que nous avons tous péchés?

Depuis la formation de l'humanité, après le premier péché, dont, celui d'Adam et d'Ève, chaque fois qu'un enfant est venu dans le monde, il est né avec le péché dans ses veines.

De même que David, qui était le roi d'Israël, il a écrit selon Psaumes 51 : 7 : " Voici, je suis né dans l'iniquité, Et ma mère m'a conçu dans le péché. Cela souligne d'abord que personne ne peut dire qu'il ne porte pas de péché car notre racines vient du premier péché fait au jardin d'Éden, d'ailleurs, nous sommes tous de nature pécheresse et cela fait partie de la vie qu'on a aujourd'hui. Oui, nous avons tous péchés, même si nos actions sont bien différentes l'un par rapport à un autre.

Parlant ainsi, nous devons mis un point sur ce qu'on appelle : la profondeur des péchés. Certains disent souvent que Dieu nous tire loin pour nous ramener et nous mettre ensembles.

On peut dire que c'est vrai, c'est un fait certains parce-que Dieu a donné ce qu'il avait de plus cher pour sauver l'humanité.

Mais en revanche, dans la profondeur des péchés, on peut dire qu'il n'existe de long distance entre Dieu et tout les hommes.

Il y a des actes beaucoup plus humiliant qu'un autre, cependant, on ne peut pas mesurer le péché car, tout ce qui est péché mérite d'être puni selon la justice de Dieu.

Dans toute l'histoire de l'humanité, il y a un seul homme qui n'a point connu le péché, mais, qui s'est fait pécheur.

Comment et pourquoi devrais-je me faire convertir même si je crois que Dieu existe?

Peut-être beaucoup d'entre vous ont la bonne conscience de ce que Dieu existe et qu'il a tout créé pour nous, peut-être même qu'il a vraiment envoyé son fils unique pour nous sauver de l'esclavage du péché.

Malheureusement, ce n'est pas tout ce que nous avons besoin pour faire plaisir à Dieu, car beaucoup d'entre nous savent réellement que Dieu existe ; des idolâtres, des franc maçon savent que Dieu existe vraiment. Cependant, pour vivre la vie que Dieu veut de nous, il ne suffit pas de croire à l'existence de Dieu et dire que tout s'arrête là et que maintenant je suis pour la vie éternelle.

Non! Le cadeau de Dieu ne réside pas seulement en croyant simplement à son existence.

Vous devez témoigner par devant tous, que Dieu est votre seul seigneur et qu'il a envoyé son fils pour vous sauver (Romain 10 : 9) ; vous ne devez pas avoir honte de vous présenter devant un berger un pasteur comme on le dit généralement) et devant une assemblée pour prouver quelle est la grandeur de votre foi en Dieu et en sa parole. (Luc 9 : 23)

Cela signifie que, nous avons besoin d'être sincère et d'être prêt à abandonné votre vie passé, si possible, d'oublier le moi et de vous laisser guider par la main de Dieu.

La conversion est pour nous tous une preuve qui nous assure par devant nous frères et sœurs chrétiens, cela est aussi important que le baptême, alors que le premier de cette assurance est de persévérer dans une assemblée, là où vous avez tout le droit d'offrir à des Dieu des adorations, louanges et des prières.

Selon la grandeur de votre foi, vous comprendrez qu'après avoir été convertis, que vous recevrez une puissance, une force particulière pour mener la vie que votre Seigneur Jésus Christ vous a enseigné ; cela veut dire que, sans la conversion, vous serez certes des croyants, mais, pas des serviteurs et servantes de l'Éternel Dieu.

Alors, qu'attendez-vous à vous faire convertir ?

Par qui pouvons-nous nous faire convertir ?

Généralement, la conversion se fait par un pasteur, un apôtre, un diacre, un leader quelconque ou quelqu'un qui a un niveau d'évangile assez mature ; Cela est nécessaire de vous dire qu'il est toujours préférable de vous présenter devant un pasteur responsable.

À l'égard du sacrifice de Jésus Christ, vous devez vous considérer vous-mêmes comme des offrandes en offrant à Dieu votre vie en pratiquant de bonnes œuvres ; pour ce qui concerne les leaders qui doivent vous consacrés à Dieu, vous devez vous assurer que la vie de ce personnage soit pour vous une bonne exemple, et qu'il soit de l'esprit et non par la chair.

Détrompez-vous mes chers frères et sœurs bien-aimés, car il y a beaucoup de faux pasteurs, de faux diacres et certains faux leaders qui disent être de l'esprit de Dieu et qui ne le sont pas en réalité.

Pour faire face à cette situation, lisez la Bible avec beaucoup de compréhension, lisez le avec une attention soutenue afin d'avoir une intuition parfaite à l'égard de ces derniers.

À quoi puis-je m'attendre après la conversion ?

Sûrement, vous vous posez cette question en apprenant l'importance de la conversion dans les lignes précédentes.

Dites-vous que la conversion est l'un des plus grands choix qui, pour nous est une garantie certaine qui vous permettra d'avoir un bon témoignage par rapport à la vie que nous devons mener en respectant les principes de la parole de Dieu le père de tous.

Il faut donc que vous sachiez, qu'après votre conversion, vous avez reçu un don gratuitement, accompagner d'une série de puissances que seul Dieu peut vous les donner sans avoir dépenser vos avoir à cause de cela.

Maintenant donc, nous sommes non seulement devenu serviteurs, servantes de l'Éternel, mais aussi nous sommes tous devenu enfants de Dieu (Jean 1 : 12). Être enfants de Dieu, c'est une des meilleures garantie que nous avons en Jésus Christ et qui nous permet d'être plus près de Dieu notre père qui est dans les cieux ; vous devez tout aussi bien croire en le nom du Seigneur, croire de tout votre cœur, car en agissant ainsi, votre conversion n'aura aucun penchant et Dieu vous confiera toute sa plénitude en envoyant le Saint-Esprit vous guider.

Autres garantie que nous avons en Dieu notre céleste père, c'est que nous avons la vie éternelle, cette vie qui n'est pas sujet à la vie que nous menons aujourd'hui ; cette assurance est pour nous le plus grand cadeau que Dieu nous a offert par moyen de son fils ressuscité et qui est maintenant dans les cieux.

Il y a un tas de privilèges que Dieu vous a permis de jouir après avoir pris conscience de ce qu'il a envoyé son fils unique Jésus Christ pour vous sauver ; donc, ne perdez pas votre temps à vous occupé d'autres choses que de penser à votre âme, car, l'âme vivra de ce que lui est réservé après avoir vécu dans ce monde après le retour de Jésus Christ.

Qui peut être convertis ?

À la maison de Dieu, il n'y a pas de place que pour le diable et les rebelles, cela veut dire, Dieu ne fait rien par esprit de parti ; d'ailleurs, il est écrit : " Venez à moi vous tous qui êtes fatigués et chargés, et je vous donnerai du repos. " (Mathieu 11 : 28) Nous avons tous accès à la grâce en acceptant Jésus Christ comme notre seul sauveur ; il est écrit que quiconque croit en lui ne sera pas péri, mais il aura la vie éternelle.

Le seigneur Jésus nous appel tous à la repentance, il nous a demandés nous approcher vers lui sans avoir besoin d'offrir un brebis ou un animal quelconque pour nous faire pardonner nos péchés...

Début de la vie chrétienne

<u>*Par où commence la vie chrétienne ?*</u>
La vie chrétienne est une prolongation de vie reconstruite par les principes bibliques et mener par tout les croyants ou les enfants de Dieu, tout en confessant que Dieu est le seul et unique créateur du monde.

Cette vie est débuté du moment où vous avez confessé de votre bouche et de tout votre cœur, que Jésus Christ est le sauveur du monde ; en croyant qu'il était venu pour porter les péchés de l'humanité, et génère aussi, de l'amour pour sa parole.

Selon les Évangiles de Christ, nous avons besoin de préserver cette vie, depuis le jour où nous avons reconnu que Dieu nous a permis d'obtenir accès à une partie de sa puissance et de sa grâce.

Après avoir été convertis, vous avez besoin de vous faire baptisé afin de recevoir le don du Saint-Esprit de Dieu et toute sa personne.

En vous baptisant, vous avez donner suite à la volonté de Dieu pour vous guider dans la voie de la vie chrétienne comme nos frères descendants.

<u>*Est-il vraiment important de me faire baptisé ?*</u>
Il vous conviendrait d'apprendre beaucoup plus en lisant la bible avec beaucoup d'attention, vous avez appris qu'il vous faut une bonne conversion pour faire partie de la famille de Jésus Christ ; par delà, vous avez aussi a mettre un point important sur cette question.

Alors, il est très important de prendre le chemin du baptême, ce baptême fait d'eau et du Saint-Esprit de Dieu.

Vous avez peut-être appris que Jésus Christ lui-même, étant qu'un exemple pratique pour mener une vie qui fait plaisir à Dieu, il avait été lui aussi baptisé par Jean, le premier personnage qui a commencé a prêcher la bonne nouvelle du royaume de Dieu.

Selon les sainte écritures, Jean Baptiste fût naître à la même époque que Jésus Christ ; tout comme Marie, qui était la mère de Jésus, avait reçu un message de la part d'un ange pour assurer que cet enfant qui allait venir au monde par le moyen du Saint-Esprit, et qui ne serait pas du tout comme tout les autres enfants de la terre ; Jean aussi était né par une promesse divine, c'est-à-dire, que cet homme qui avait prends le début en préparant la voie aux premiers chrétiens, sa venue au monde était annoncé et ceci, ce même ange avait visiter Élisabeth, sa mère, pour l'annoncer qu'elle allait porter un enfant.

Bref! C'est pour vous faire comprendre que le baptême à toujours été une chose très importante pour ceux qui veulent se débarrasser de leur vie première, et commence à vivre une vie nouvelle selon l'esprit du seigneur.

Dans le passage de (Marc 1 : 1-12), Jésus à tracé l'exemple pour nous tous, il fut baptisé d'eau par Jean, lui qui avait reçu sa mission pour prêcher la bonne nouvelle à tout le monde ; alors qu'il fut aussi recevoir le Saint-Esprit qui descendit comme une colombe après que le ciel fut ouvert.

Pour nous, la réception du Saint-Esprit de Dieu est bien différent par rapport à sa venu sur notre sauveur Jésus Christ.

Vous verrez qu'aux versets suivant, que Jésus Christ fut transporté dans le désert et tenté par le diable.

Cela veut dire, que la vraie vie chrétienne se commence après avoir reçu le baptême, car par lui, nous avons reçu le sceau de Dieu et nous n'appartenons plus à ce monde.

De ce fait, ne perdez pas trop de temps pour vous faire baptisé, car cette une bonne chose pour l'assurance de votre salut. En vous dépouillant de tout ce qui était du passé, et que maintenant, vous vous assurerez de mener votre vie selon la loi de l'Éternel votre Dieu.

Comment vivre une vie agréable a Dieu ?

Pour vivre agréablement aux yeux de Dieu notre père, il suffit de faire les premiers pas comme c'est déjà affiché dans les lignes précédentes. Vous devez vous dépouillés de la pratique de la chair et maintenant, donnez-vous aux pratiques de la parole de Dieu et fait le bien comme votre maître qui est dans les cieux le fait.

(Philippiens 2 : 5) Ayez en vous les mêmes sentiments qui étaient en Jésus Christ.

En ce sens, il est question de savoir comment Jésus Christ lui-même a vaincu le monde, comment il avait surmonté les épreuves et quel était son comportement et ses qualités étant que Dieu et homme à la fois.

Vous avez besoin de prier le seigneur tout les jours de votre vie, afin de demander de l'aide au seigneur, et de rester plus proche de votre Dieu.

La première chose que vous devez pratiquer, comme je l'ai déjà mentionné, c'est de rester attacher à la parole de Dieu ; car il est écrit : Il est comme un arbre planté près d'un courant d'eau, qui donne son fruit En sa saison, et dont le feuillage ne se flétrit point : Tout ce qu'il fait lui réussi. (Psaumes 1 : 1-3)

Celui qui garde la parole de Dieu et la médite jour et nuit, est capable de mener une vie sans reproche par devant l'Éternel ; car en produisant des fruits digne de la repentance, vous aurez aussi tout ce qu'il vous faut pour plaire au seigneur, votre Dieu.

La deuxième, c'est de vous abstenir des besoins de la chair afin de mener une vie sainte, et vivre selon l'esprit de Dieu.

La troisième, vivez toujours par la foi, car la foi est non seulement une ferme assurance, mais aussi, c'est une perception que nous avons en Jésus Christ ; En croyant que ce grand Dieu est capable de tout faire pour nous, de ce fait, rien ne pourra nous enduire en erreur et nous éloigné du Dieu vivant.

La quatrième, la prière ; comme il est écrit : faites en tout temps par l'Esprit toute sorte de prières et de supplications. (Éphésiens 6 : 18)

La prière vous permet de garder une bonne relation avec votre Dieu, elle vous aide également dans l'évolution de votre vie spirituelle ; par elle vous recevrez tout ce que vous avez besoin pour s'acquitter à une vie sainte et stable.

La cinquième, ne vous y attachez pas aux choses terrestres, car, tout ce que les hommes se battent pour possédé sont sujet à la perdition. Tout les trésors de la terre sont a notre père céleste en Jésus Christ et il n'a point créé ces choses pour qu'on puisse se rattacher avec eux.

Si vous avez faim, prié votre Dieu pour qu'il vous envoie de la nourriture, car il l'a fait pour son peuple, le peuple d'Israël ; il l'a fait pour le prophète Elie et autres personnages de la bible.

Sur ce, ne vous inquiétez pas autant de même pouvoir oublié l'existence de votre Dieu, car il est écrit : Ne vous inquiétez pas pour votre vie de ce que vous mangerez, ni pour votre corps, de quoi vous serez vêtu. La vie, n'est-elle pas plus que la nourriture, et le corps plus que le vêtement? (Mathieu 6 : 25)

_**N. B:**_ Vous verrez l'importance de la présence de Dieu beaucoup plus susceptible que tout sur la terre, car, il est important de continuer à croire en votre seigneur Jésus Christ, crois vraiment à l'existence de Dieu ; selon (Jacques 2 : 19) vous pouvez comprendre que vous n'avez pas seulement besoin de croire à l'existence de Dieu pour que vous vous disiez que: donc, maintenant, je peux conduire une vie sans reproche devant Dieu parce que je crois qu'il existe vraiment.

Donc, donnez peu d'importance aux choses terrestres, et dites-vous que la vie chrétienne dépend de toutes sortes de bénédictions venant du ciel, où votre Dieu règne et nous a permis d'avoir accès à son royaume quand Jésus Christ viendra et nous prendrons tous ensembles avec lui ; je parle bien de ceux qui ont accepté de mener une vie sans reproche devant sa face qui nous est point cacher malgré tout nos péchés, heureusement qui, ont été prises en charge depuis à la croix.

La sixième, appliquez vous donc au culte qu'au débauche tout en pratiquant le bien envers autrui.

Nous sommes tous appelés à offrir des moments de louanges et d'adoration à notre seigneur Dieu, ce n'est pas qu'une pratique ou une simple coutume, car Dieu ne vit pas de pain, ni de vin. Il est important pour nous les croyant repentis, de participer aux cultes autrement dit, des moments réservés à Dieu.

Il est clair, car il est écrit qu'il est un Dieu jaloux et qu'il ne partage pas sa gloire à personne.

Qu'est-ce que cela veut dire pour nous ?

L'Éternel notre Dieu est digne de gloire, vous verrez que, depuis la création, il a conçu un jour de repos ; c'est ce jour-là qu'on appelle aujourd'hui : le sabbat.

Maintenant, pouvons nous adorer autre jour que le sabbat ?

Bien sûr ! Dieu est toujours disponible pour recevoir les moments de louanges et d'adoration, d'ailleurs, nous sommes tous libre en Jésus Christ, de loué Dieu n'importe où et à n'importe quel moment ; il suffit maintenant que votre vie soit propre, sanctifier pour lui offrir un culte agréable.

Alors, la débauche ne fait que vous enterrer et vous conduit à la perdition, tandis que les cultes vous aide à gérer votre spiritualité, vous donnant la capacité de traverser certains épreuves qui peuvent survenir à n'importe quel moment dans la vie.

De ce fait, si vous aimez votre vie et que vous voulez le protéger de la perdition, nous avons à nous battre pour fuir le mal en pratiquant le bien, le bien dans tout les sens, et catégoriquement, de plaire à Dieu dans tout ce que nous faisons dans la vie.

Selon (1 Pierre 3: 10-11) il est écrit : Si quelqu'un veut, en effet, aimer la vie, et voir des jours heureux, qu'il préserve sa langue du mal, et ses lèvres des paroles trompeuses ; Qu'il s'éloigne du mal et fasse le bien, qu'il recherche la paix et la poursuivre.

À cet effet, nous pouvons vivre une vie sans compter des jours malheureux, car Dieu nous ont rachetés pour nous donner de la paix et nous appel à l'éternité bienheureuse.

Alors, ne manquez pas les cultes de Dieu, là où il y a des chrétiens qui se rassemblent pour adorer le seigneur, sa présence y est dans ce lieu et sa grâce est prêt à jaillir comme une rivière qui fait sa descente jusqu'à la mer.

C'est-à-dire, nous avons tous a fuir la débauche, cela ne signifie pas pour autant que si vous avez votre famille ou des amis chrétiens, que vous ne pouvez pas passer des petits moments de détente, loin delà ! Vous verrez dans les parties suivantes, que nous ne pouvons pas rester comme un arbre, immobile, simplement pour produire des fruits digne de la repentance.

La septième chose, c'est de mener une vie de sanctification ; la sanctification est une manière de vivre propre devant Dieu, et il est écrit noir sur blanc que sans elle personne ne verra le seigneur.

Pour vivre une vie de sanctification, vous avez besoin des conseils précédentes ; la prière, la parole de Dieu et autres, sont des éléments qui vous permet d'avoir un esprit toujours disposé sur les choses d'en haut, et vous donnerez la force de surmonter les tentations.

Gardez-vous de vous laisser emporter par le péché, de vous laisser séduire par des conseils qui peuvent vous conduire à une chute déshonorante, car, quand vous acceptez de protéger votre corps de tout ce qui est d'impuretés, c'est ainsi que vous pouvez dire que vous marchez dans la sanctification, et que votre salut est bien assuré.

Vivez une vie en mis à part pour Dieu, soyez saint et pratiquez des œuvres qui affirme le respect sa parole.

Huitième chose, vivez la vie de la nouvelle naissance ; une vie dans laquelle nous avons a pratiquer tout ce qui est de mise à la parole et la volonté de Dieu. Il est écrit dans (Jean 3 : 3), si un homme ne naît de nouveau, il ne peut voir le royaume de Dieu.

Jésus Christ voulait faire mention d'un changement de vie radical après avoir reçu le baptême fait de l'eau et d'Esprit saint ; vous devez soumettre à tous égards aux commandements de Dieu et laissez-vous grandir par la semence spirituel, dont, l'exemple de Jésus Christ qui nous permet de devenir enfants de Dieu.

Donc, il est important pour vous de percé continuellement les sainte écritures, de les méditer avec l'aide du Saint-Esprit pour grandir dans la foi, jusqu'à la perfectionnement d'une vie exemplaire en différence de ce que vit le monde sans la présence de Dieu.

Il est possible que les autres vous regarde d'une autre manière, peut-être même vous juger à cause de la sagesse qui sera incarné en vous en pratiquant de bonne choses pour montrer aux hommes que ce grand Dieu, il veut que nous vivons tous dans la paix et dans l'amour ; car, la lumière qui brille en vous après avoir reçu le Saint-Esprit de Dieu, notre consolateur, ceux qui marchent dans les ténèbres le verront et ils seront dans l'angoisse.

Par conséquent, accepte ce changement dans votre vie ; les mœurs et les vices mauvaises que vous aviez autrefois, jetez les et amassez les bonnes pratiques de la loi du Dieu vivant.

La renaissance que prône Jésus Christ, il nous permet tous de lui ressembler en toute choses, de jeter tout les pratiques de vos ascendants familiales et dire que maintenant, les choses anciennes sont passées et voici toutes choses sont devenues nouvelle. (2 corinthiens 5 : 17) Cela sous-entend que, cette renaissance n'est pas de nature humaine comme Nicodème l'avait imaginé après avoir entendu Jésus Christ prononcer ces paroles ; et c'est ce changement de vie qui vous permettra d'être agréable à Dieu tout les jours de votre vie.

Neuvième chose, vivez selon l'amour de Dieu et respectez-vous les uns les autres.

(Galates 5 : 14) Il est écrit que tout est accompli dans une seule parole, dans celle-ci : tu aimeras ton prochain comme toi-même.

L'amour.

Si nous voulons bien saisir cette phrase, il est clair que tout et tout réside dans l'amour ; car l'amour est Dieu et Dieu est amour.

Selon (1 Jean 4 : 12) nous avons appris que celui qui demeure dans l'amour demeure en Dieu, c'est-à-dire, que si nous disons que nous avons Dieu dans notre vie, à quoi cela sert-il si nous n'avons point d'amour ? Ou en agissant par esprit de partie ?

L'amour de Dieu est plus fort que tout autre chose qu'un homme peut exprimer, cet amour lui a permis d'envoyer son fils unique en sacrifice pour nous pardonner les péchés et nous racheter pour nous conduire vers la gloire.

Pour cela, il est également un fait certains quand Jésus Christ a déclaré que n'importe qui a la chance de porter sa croix et le suivi, car, il est le chemin, la vérité et la vie ; c'est aussi par cet amour que Christ est ressuscité des mort et ne pourra jamais mourir. (Romain 6 : 9)

À travers cet amour, Dieu nous exhorte à pratiquer tout ce qui concerne les traits de l'amour, tel que : la bonté, la patience, etc...

Depuis la création, tout étaient crées avec amour, car, si ce n'était pas l'amour, il y aurait des créations qui ne seraient pas là aujourd'hui.

Dieu, peut-il créé quelque chose qu'il n'aime pas ?

Cela veut dire que, l'amour est la première des choses ; et cela doit être présent dans les églises et tout les assemblés où le nom de Dieu est cité.

Dans le vrai sens de la vie chrétienne, vous pouvez constaté que cette sens unique, à plusieurs facultés qui réduit en un seul : l'amour.

Aux alentours, comme dans les foyers, l'amour nous permet d'avoir une vie stable et paisible ; cependant, cela ne réside pas seulement en sentiments de paix, ça marche aussi avec les œuvres tout comme la foi.

Si vous vous aimez vous-même, vous saurez quand votre corps à besoin de nourriture, quand il a besoin d'habits, quand il devrait être consolé ; alors, c'est pareil quand on parle de l'amour Aga paix, car il est écrit : aime ton prochain comme toi-même.

Cet amour nous permet de nous pardonner les uns, les autres ; à éviter des conflits sans sens ou à arranger les choses sans se disputer, et nous permet à supporter les uns les autres dans les moments difficiles et même dans les bons moments.

La dixième chose, vous devez partager votre connaissance de la vérité à ceux qui sont prêt à l'écouter dans votre entourage et ailleurs.

Faites connaître la bonne nouvelle à tout ceux qui sont submergés dans le noir et l'inconscience, permet à ce que cette témoignage de Jésus Christ soit prêcher dans nos voisinages, notre entourage.

Vous savez, Jésus Christ nous a demandé de partager la bonne nouvelle, de prêcher son évangile afin que d'autres gens viennent à la repentance, car il a été mort pour nous tous et il souhaiterai tous nous sauver ; ce que nous en parlerons plus tard des les chapitres suivants.

Onzième chose, le chrétien doit avoir un comportement qui fait vivre le reflet de Jésus Christ à travers sa vie ; si je suis le fils d'un tigre, alors, il est question que je sois agit comme un tigre et que tout mes mouvements lui ressemble. C'est pourquoi il est écrit : ayez en vous les sentiments qui étaient en Jésus Christ.

Si vous êtes père ou mère de famille, veuve ou célibataire, vous devez définir la portée catégorique du comportement de Jésus Christ dans votre vie.

Mais, comment puis-je appliquer une telle mesure alors que j'ai héritier les mœurs et les vices de mes parents ?

Ce n'est pas facile pour faire face à ce genre de changement dans la vie, cependant, quand nous parlons de " renoncer " on peut dire qu'il y a donc des travaux à faire après avoir déclarer que nous ne sommes plus pour ce monde.

Vous devez d'abord accepter ce changement qui, automatiquement, doit opérer dans votre vie, comme il est écrit : si quelqu'un est en Christ, il est une nouvelle créature. Ce n'est pas quelque chose qu'on va vous forcer à faire, pourtant, vous devez laisser place à cette parole pour que vous vivez une nouvelle vie après avoir déclaré que maintenant vous vivez pour Dieu.

Tout ce qui peut vous enterrer dans les ténèbres, évite les, afin que votre vie chrétienne soit bien fondée sur le roc solide, dont, Jésus Christ.

Douzième chose, le jeûne. C'est l'un des moyens les plus efficaces pour vivre selon la volonté de Dieu.

Cette pratique est éligible seulement pour ceux qui savent l'importance de la présence de Dieu dans leur vie, ceux qui comprennent que Dieu est le plus grand de toute chose.

Le jeûne vous permet de rester ferme dans les moments difficiles, il vous remonte quand vous vous sentez affaiblis par les soucis et que des mauvaises pensées viennent pour vous éloignés de Dieu.

De ce fait, vous devez, puisque c'est une obligation dans la vie chrétienne, appliqués cette mesure afin de ne pas tomber en tentions ou quand vous avez l'impression de courir vers une autre direction.

Treizième chose à appliquer, c'est la vérité et la pureté dans tout intégralité. (Philippiens 4 : 8)

Éloignez vous du mensonge, car il est écrit : celui qui ment est le fils du diable. (Jean 8 : 44) c'est un danger pour nous les chrétiens de pratiquer le mensonge, le mensonge comme on le voit, est beaucoup plus grand que ce que l'on croyait.

Car, être le fils du diable c'est la pire des choses qui ne devrait pas être arrivé.

Quand on vit pour le diable, Dieu nous regarde comme des ennemis et il ne nous protège pas.

Le mensonge est contre la vérité, c'est-à-dire, que le diable est contre Dieu.

Jésus Christ, dans ses parcours, il a révélé qu'il est la vérité et la vie. À travers cette révélation, on apprend que hors de la vérité c'est la mort, plus précisément, avec le mensonge.

Si vous dites que vous êtes chrétiens, alors que vous ne cesser pas de mentir, à quoi cela vous servira t-il quand vous participez à la table du Seigneur ?

N'est ce pas Juda qui a fait cela? Car, son cœur était contre la vérité et il voulait pratiquer des choses du diable.

Alors, surveillez vos langages, quand vous avez tort, accepte le et quand vous avez raison, vius n'avez pas besoin d'aller plus loin.

Ne vous défend pas par le mensonge, car, demain, vous en paierez le prix ; Sachez qu'il n'y a rien sous le ciel qui ne peut être cacher à Dieu.

Quatorzième et dernière chose, consacrer des heures ou des moments pour votre père céleste ; quand vous êtes au travail, quand vous êtes au marché, quand vous êtes dans la rue ou dans un endroit quelconque, sachez qu'il est nécessaire de mettre à part un petit moment, simplement pour communiquer avec Dieu, pour le remercier ou de lui rappeler votre but devant lui.

Cela permet à Dieu d'être toujours prêt à vous communiquer des choses importante, il vous utiliserait pour aider les autres et vous aidera à avoir les yeux toujours ouvert spirituellement.

_N. B_ : Ces éléments sont très importants pour la vie chrétienne, il y a des autres points qui feront l'objet de la suite de ce document.

Vous pouvez maintenant apprendre à conserver le cadeau que Dieu nous a fait par le sang de son fils Jésus Christ qui a été immolé et ressuscité, ainsi, il y a de quoi garder ce don, le don gratuit du salut que nous avions perdu après le péché d'Adam et Êve.

Marchons maintenant dans la restauration parfaite de Christ afin d'avoir part à son royaume qui sera établi bientôt quand sonnera les sept trompettes, car, c'est le seul moyen d'éviter le tourment éternel qui est donc un châtiment pour tout ceux qui ont rejetés la loi de l'Éternel.

Quelle assurance ont les chrétiens qui vivent pour Dieu ?

Pour nous tous ceux qui ont accepté de vivre pour le seigneur, nous avons l'assurance que le salut soit dans notre demeure, et celui-ci, tout le temps que nous demeurons plus près de Dieu, le salut est aussi plus proche de nous.

Il y a aussi beaucoup de privilèges dans la maison de Dieu.

Nous avons également reçu des puissances spirituelles, le jour même où on a accepté Jésus Christ dans notre vie, de tout notre cœur.

Christ est l'exemple que nous devons suivre, si vraiment, nous voulons garder ce don gratuit fait par Dieu notre père et apporter dans le monde par Jésus Christ, meurtri à cause du grand péché d'Adam et de tout les nôtres.

Ne dites jamais : je n'ai pas tué, donc, je n'ai pas péché ; ou bien, je pas fait ceci, donc je n'ai pas péché. Non! Si vous n'êtes pas sous la couverture de la grâce de Dieu, c'est-à-dire que vous êtes sous la domination du péché et vous pratiquerez certainement les œuvres de la chair parce-que vous ne vivez pas selon l'esprit de Dieu.

De ce fait, nous devons faire preuve d'intelligence, et de choisir la couverture de la grâce qui est sujet d'une joie éternelle.

Dans l'histoire de Zachée, un homme pécheur, que Jésus Christ avait décidé de se rendre chez lui, pour recevoir le salut, il a donc fait preuve d'une grande intelligence, il avait prit conscience qu'il vivait dans un mauvais chemin et que s'il n'accepte pas de changer sa vie, rendre le bien de tout le mal qu'il a fait, que cet occasion, serait une occasion ratée pour lui, et il l'a fait. (Luc 19 : 2)

De même pour nous, Dieu est passé frapper à la porte de notre cœur, car il veut nous sauver de la perdition ; cependant, avez-vous ouvert la porte de votre cœur, en vous débarrassant de tout ce que vous avez fait qui ne sont pas de mise à sa parole en disant que Dieu mérite sa place dans ma vie ?

Ne commettez pas cet erreur bien-aimés, car, le salut qu'il nous apporte est plus important que cette vie que nous vivons dans ce monde.

Le salut est le seul espoir de ce monde, c'est l'assurance d'une seconde vie, soit après la mort ou avec la venu de Jésus Christ avant la fin du monde.

Selon 1 corinthiens 15 : 22, nous allons revivre avec notre seigneur Jésus Christ, cette vie éternelle qui est donné à tous ceux qui confessent que Dieu est leur seul maître et seigneur ; car en Adam, nous étions tous des héritiers de la mort.

Comment faire pour avoir ce salut ?

Pour répondre à cette question, nous avons un texte qui explique tout en un. (Romains 10 : 10) :

Car c'est en croyant du cœur qu'on parvient à la justice, et c'est en confessant de la bouche qu'on parvient au salut, selon ce que dit l'Écriture.

Il n'y a aucun grand sacrifice à faire pour recevoir le salut, et tout ce qu'il faut faire, c'est confesser de votre bouche que Dieu est votre seul seigneur.

Il est clair que personne ne peut hérité le salut, sans avoir confessé.

D'après 2 corinthiens 5 : 1, le salut est une assurance raisonnable pour tout le monde, et tout ceux qui l'acceptent espèrent une demeure très grande auprès du Dieu vivant.

Alors, pourquoi devrait-on laisser passer cette priorité ?

_N. B_ : selon Tite 2 : 12, le salut nous appels à vivre dans la piété, car, il nous demande de renoncer à l'impiété et aux convoitises mondaines. Cela veut dire, lorsque le salut est rentré dans votre maison, vous devez vous assurer que tout ce qui sont sujets du péché, vous vous êtes éloigné afin de vivre dans la droiture pour conserver ce dernier, d'ailleurs, nous avons pour ennemie, le diable, lui qui veut nous empêcher de pouvoir rentrer dans la profondeur de cette promesse.

Dites vous que vous avez seulement le moment présent, ne perdez pas votre temps à réaliser des choses qui n'en valent pas la peine, si réellement, vous voulez vivre ce salut qui nous est offert par Jésus Christ en mourant pour nous tous afin d'obtenir miséricorde et le pardon de nos péchés.

Chacun de nous est donc privilégié en Jésus Christ, quand nous avons laisser derrière nous, tout ce qui ne sont pas de la volonté de Dieu en accomplissant les actes divin.

Avec Dieu, nous avons de la protection divin.

Un fait certains, Dieu protège ses brebis, il protège ceux qui l'aime et les accompagnes partout où ils se trouvent.

Prenons d'abord le cas de Daniel, un homme qui craignait Dieu et qui avait une relation serré avec notre seigneur des seigneurs.

Daniel était accompagné de ses compagnons vivant à Jérusalem assiégée et ils servaient la maison du roi Nebucadnetsar pour enseigner des lettres et la langue des Chaldéens.

Selon le livre de Daniel, ils étaient sans défauts corporels, beaux de visage, doués de sagesse et d'intelligence.

Cependant, ils étaient des serviteurs de l'Éternel et avait de la crainte pour le grand Dieu qu'ils servaient.

Daniel et ses compagnons ne voulaient en aucun cas, mettre leur foi en péril, voir même leur salvation.

De même pour nous, nous devons persuader que Christ attend de nous, une forte crainte afin de montré aux autres, qu'il est bien le sauveur que le monde espère.

Alors, à cause de leur foi et leur crainte, ils ont évités des choses impures offert par le roi, qui leur dirige une autre fois, par devant la statue pour l'adorer ; alors qu'ils ont refusés de prosterner devant ce faux dieu, le roi avait ordonné qu'on les jettes dans la fournaise qui devait être surchauffer des fois de plus...

Pour montrer qu'il n'a jamais sû abandonné ses enfants, Dieu les avaient protégés dans la fournaise ardente, et un ange était apparu au milieu d'eux pour les accompagnés.

De même pour nous, notre seigneur Dieu est toujours prêt à nous porter secours dans les situations difficiles ; il nous protège de toute sorte d'attaque et nous préserve du mal.

Le monde est piégé, les rues sont dangereuses ; si notre Dieu ne nous avons pas protéger, les hommes, les méchants hommes et le diable nous aurait engloutis tout vivant.

Depuis le début des parcours du peuple Israéliennes, il y eut des moments où Dieu s'est montré fort protecteur de tous ceux qui lui sont cher.

Quand Dieu a voulu frapper l'Égypte, il savait que les plaies frapperont tout le pays sans passer à côté de personne, pour cela, il voulait protéger son peuple et le garder des impacts de cette malédiction qui devrait touché tout le pays.

Il a demandé à son peuple de passer du sang pour identifier les maisons de ses siens, car il voulait les protéger de ce qui devrait frappé toute l'Égypte à cause de leur dureté de cœur. (Exode 12 : 7)

Il est le même hier, le Dieu d'Israël, aujourd'hui pour tous ; l'Éternel est celui qui fait cessé les combats, il a mis en arrêt le Soleil, tous ceux qui croient en son nom, il les protège du mal et les soigne en toutes les saisons.

C'est une ferme assurance que nous avons en Dieu par Jésus Christ, c'est pourquoi, nous avons à lutter contre le péché afin de mener une vie sainte en marchant dans le chemin de la sanctification.

La parole affirme que : celui qui demeure sous l'abri du très haut, repose à l'ombre du tout puissant. C'est une garantie pour les croyants, ceux qui reconnaissent que Dieu est leur souverain.

<u>Dieu nous aide à surmonter les difficultés.</u>

" Dieu est juste, il connaît tout ce qui nous traverse et il est capable de nous aider. "

Jésus, étant venu dans le monde, il a connu des moments difficiles dans des périodes données ; c'est pour cela aussi, qu'il est prêt pour venir nous secourir quand nous sommes troublés par les difficultés de la vie.

Quand Jésus monta dans la barque avec ses disciples (Mathieu 8 : 23-24) il y eut une tempête qui s'est élevé, et l'océan était agité.

Les disciples étaient tourmentés, alors que Jésus lui, il faisait semblant de dormir.

Cela veut dire que certaines fois, ce n'est pas que Dieu ne nous voit pas ou qu'il ne sait pas que nous sommes dans telle situation, mais il attend quelque chose de nous ; il veut qu'on lui parle et qu'on se repose sur son pouvoir.

Alors, quand les disciples ont fini par le réveillé, Jésus Christ a fait cessé les flots et le vent violent qui faisait agité la barque sur la mer.

Cette leçon nous apprend que Dieu est toujours là pour nous secourir, dans les moments lamentables, quand nous ne pouvons pas trouvé le secours sur la terre.

Pour les chrétiens, les difficultés peuvent être des moyens de nous faire grandir, d'apprendre d'avantage de ce que Dieu est capable de faire étant que tout puissant et seigneur des seigneurs.

Vous vous rappelez peut-être de Paul et Silas quand ils étaient en prison ? (Actes 16 : 25-26)

Ils savaient que Dieu avait le pouvoir de les éloigné de tout malheur, et ils avaient décidés de faire monter à Dieu des louanges, puis, il y eut un grand tremblement de terre qui secoua les cellules et les avaient tous libérés du prison.

L'Éternel Dieu prends toujours soin de ses enfants.

Selon Mathieu 6 : 26, Dieu est prêt à nourrir ses enfants ; il montrent que nous avons beaucoup d'importance à ses yeux et qu'il veut nous garantie le moyen de vivre plus ou moins à l'aise dans ce monde.

De même qu'il a toujours pris en compte les oiseaux, c'est à cet égard qu'il est aussi a nous nourrir quotidiennement.

Ne rappelez-vous pas de l'histoire d'Élie ?

Cet homme de Dieu qui allait chercher du refuge dans une grotte, là où il n'y avait ni d'eau, ni de nourriture ; alors que Dieu, il avait utilisé des corbeaux pour lui apporter du pain, ensuite, il a fait sortir de l'eau pour satisfaire les besoins de son serviteur.

Comme je l'ai dit dans les lignes précédentes, si vous avez faim ou besoin de quoi que ce soit, demande les à votre père céleste et il agira selon sa miséricorde et sa grande volonté.

Il connaît nos besoins, c'est pourquoi il a dit que, si nous avons de quoi nous vêtir, de quoi nous nourrir, nous n'avons pas besoin de nous paniquer pour d'autres choses, car il connaît tout, et il voit tout.

Dieu, il n'est pas comme les autres faux dieux qui sont dans les maisons des païens ; il est toujours prêt pour agir, certaines fois, il nous enseignes dans nos situations.

Dieu garantie notre succès.

Tout ce que nous rêvons, tout ce que nous espérons ou souhaitons, notre Dieu est là pour nous guider et nous permet d'aboutir avec des résultats nette.

Il est le Dieu de la sagesse, c'est pourquoi il inspire de la sagesse à ceux qui croient en lui.

Tout ce que nous voulons accomplir dans la vie, comme il est écrit : avec Dieu nous ferons des exploits. Cela signifie que notre seigneur nous garanti la réussite, et il est toujours près à nous diriger vers le bon chemin qui mène au succès.

Surtout, quand vous demeurez dans la parole, comme un livre de guide, la Bible vous oriente dans votre comportement, dans la manière dont vous devez agir et élargir votre capacité pour pratiquer le bien dans le bon sens ; car la sagesse même est la voie qui mène à réussite.

Les familles chrétiennes, comment et sur quoi doivent-elles se fonder ?

<u>*Quel est l'origine de la famille ? D'où vienne t-elle ?*</u>

Q Dans la généalogie biblique des humains, la famille à été institué par Dieu sur la terre ; et cela, elle avait débutée premièrement avec les animaux et l'homme deuxièmement, qu'il avait créé à son image.

Pourquoi avec les animaux d'abord ?

N'oubliez pas que, Dieu avait créé les animaux de genre différents, cependant, quand il crea l'homme, il était seul avant même qu'il ait demandé à Dieu de lui donner un compagnon comme il l'a fait pour les animaux.

Par conséquent, on peut dire qu'institutionnellement, la famille est élargie avec Adam et Ève étant premiers hommes sur terre.

La première famille humaine est née dans le jardin d'Eden, où Dieu a permis à l'homme de manger de tout les fruits du jardin, sauf un.

Lorsque Dieu fit la formation la femme, il l'avait fait à partir de l'homme, cela sous-entend que, la domination de l'homme sur la femme est conçu depuis même à la création de la famille.

Maintenant, on ne peut pas parler seulement de la famille étant que telle sans parler de l'église, car l'église même est une famille réuni pour adoré Dieu dans une unité parfaite.

Dans le mot " Famille " on trouve : Patria, patèr qui signifie " Père " Oikeios en grec qui signifie : maison.

La famille désigne un groupe de même origine qui s'unissent pour vivre dans l'union, la paix et l'amour.

Alors, la base fondamentale de celui-ci est : l'amour.

D'après Genèse 2 : 23 ; nous avons la confirmation que tout commence par l'amour, avec la remarque d'Adam, il est clair qu'il avait aimé cette créature que Dieu lui avait fait pour le consoler de sa solitude.

Comment et quand pourrons nous donc parler de famille chrétienne ?

En premier lieu, pour parler de famille chrétienne, nous devons nous assurer que tous ceux qui se sont mis ensembles pour parler d'eux étant que famille chrétienne doivent renaître de nouveau, ils doivent être des gens qui pratique la vérité en servant le seul Dieu qui est père de tous ceux qui croient en lui.

Donc, vous pouvez faire partie de la grande famille de Christ, tant que vous pouvez aussi bâtir votre famille sur la parole de Dieu par la vérité qui nous est donnée.

En second lieu, nous avons les principes divin qui nous apprend comment chacun devrait se comporté dans une famille.

Maintenant, je parle de celle-ci qui est fondée par l'amour érotique, un amour vrai et sincère.

Cette dernière doit être bâti à l'égard de la parole de Dieu pour avoir un bon fondement sur le roc solide dont, Jésus Christ.

Les familles chrétiennes ont une fonctionnement très bien différentes par rapport à des familles née en dehors de la loi : c'est-à-dire, des familles nées à partir du concubinage ou des familles qui n'ont aucune pratique de la parole de Dieu.

Normalement, les chrétiens sont appelés à vivre d'une façon à permettre aux autres de connaître Dieu à travers leur vie quotidienne, et cela, il permet à Dieu de leur protéger de tout attaque de l'ennemi qui rôde autour de tout ceux qui veulent vivent une vie de mise à part pour Dieu comme un lion rugissant.

Comment s'organise la famille chrétienne ?

Selon la loi biblique, la famille est hiérarchiser d'après le principe de la création selon le livre de Genèse chapitre deux.

L'homme, celui que Dieu avait donné le pouvoir sur tout les créatures de la terre, Dieu avait tiré la femme de ses côtes et c'est pourquoi depuis, il est le chef de la famille.

Cela veut dire, qu'aucun pouvoir n'était donc confié à la femme ; car, d'où ses fonctions : remplir la terre et prendre soin de ses siens.

Après le péché, D'après les sentences donné par Dieu à cause de leur désobéissance, on peut tracer la ligne de l'homme et celle de la femme sans passer par plusieurs chemins.

Genèse 3 : 16-17, Dieu dit donc à la femme, qu'il augmentera ses souffrances lorsqu'elle devrait enfantée, et le mari dominera sur elle.

À ce sujet, quelle est le rôle de la femme ?

Comme dans tout les parcours de la Bible, la femme n'a jamais été sujet d'une autorité accompli, d'ailleurs, pourquoi Dieu a-t-il utiliser la femme que pour donner naissance au Messie ?

Cela signifie que le plus grand rôle de la femme dans la famille que dans le monde c'est de faire grandir la postérité de l'homme.

La femme joue un rôle très important dans la famille, sans elle, le monde serait manquant et n'y aurait point de société.

Cependant, la parole de l'Éternel confirme que la femme doit être soumise à son mari, elle doit agir avec respect et droiture, tout comme son mari.

Quant est-il de l'homme ?

Maintenant, nous devons être d'accord que Dieu lui-même à établi l'homme étant que chef de la femme et de la famille entière ; car, l'homme, il doit travailler dur pour prendre soin de sa femme et de sa famille, il a également l'obligation d'aimer sa femme comme son propre corps.

Nous avons un passage dans la Bible qui affirme le comportement de chacun dans la famille, sans oublier, il faut dire que, les familles chrétiennes n'existent pas sans le mariage. (Éphésiens 5 : 22-26)

Avant de venir sur le mariage, il y a des choses qui sont très importantes à souligner.

À cet effet, on peut parler des défauts de l'homme, les comportements racial et le problème de l'éducation.

Certaines femmes ont dû mal à accepter de se mettre dans la soumission, elles préfèrent agir comme bon leur semble, alors qu'il est clair que la femme doit être soumise et là, il n'y pas de pourquoi où de pour qui, parce-que la parole de Dieu est clair que deux personnes qui se sont mariés ne sont plus qu'un maintenant.

Alors, le problème c'est de l'arrogance, l'inconduite ou l'infidélité comme on peut le dire, c'est aussi de l'irrespect À l'égard de celui-ci ; sauf si cela est hors de la loi ou contre la volonté de Dieu.

La soumission ne veux pas dire, que vous devez être manipuler comme des animaux ou des objets, mais, si ce que votre mari veut n'est pas un dérive à la parole, vous avez donc l'obligation de lui obéir, d'ailleurs, si vous refuser, vous exposez votre mari à faire ce qui est injuste si et seulement si c'est un homme qui a de la faiblesse, ce que nous ne pouvons pas mettre de côté, parce qu'en réalité, il y a des gens fort et des gens faible selon leur nature.

Néanmoins, le mari doit donc aimé sa femme et lui droit beaucoup de respect, comme lui il respecte le seigneur.

Un homme de Dieu, ne peut pas induire sa femme en erreur, car ce serait un grand dommage pour sa propre vie.

Il est écrit que : que le mari ou la femme n'expose pas son amant à commettre des actes contraire à la parole ou tout simplement, au péché.

De ce fait, si vous n'aimez pas quelqu'un, c'est un danger pour vous de rentrer avec lui dans le lien sacré du mariage ; car le mariage à des fins qui doivent être généralement respectés.

Il y a des femmes qui ne veulent pas rentrer dans la relation avec leur mari, c'est un péché.

Il est écrit noir sur blanc que le corps de la femme ne lui appartient pas après le mariage, et que l'homme et la femme ne peuvent point faire n'importe quoi avec leur corps.

Prenons un grand exemple, si un homme demande en mariage à une femme, et que ce dernier n'éprouve aucun désir, à quoi cela lui servira t-il ?

L'homme ne peut pas exposé la femme, car les désir de la chair sont très intenses et cela est une occasion de chute quand nous ne sommes pas capables de les gérer tout seul ; cependant, si un homme ou une femme se sent faible dans sa chair pour résister au diable, qu'il ou elle se mari ! Mais avec un choix auquel il ou elle soit capable de gérer sans mettre sa vie spirituelle en péril, alors que c'est la solution qui est importante.

En ce qui concerne les mauvaises habitudes, les mauvais comportements et les défauts, cela dépend de la personne qui se dit prêt à marcher selon la parole de Dieu.

Car il est écrit : si quelqu'un est en Christ, il est une nouvelle créature...

Cela veut dire que, si la personne est réellement née de nouveau, elle saurait aussi se débarrasser de ses défauts, ses mauvais comportements, ses mauvaises habitudes etc... Car tout ce qui est mauvais dans votre vie, est une pierre d'achoppement pour le salut.

Si et seulement si vous voulez construire un foyer pour bâtir une famille selon la loi de l'Éternel, vous devez vous évalué d'abord, vous avez besoin de chercher dans votre vie, tout ce qui pourrait vous empêcher de voir le bonheur dans votre foyer.

Pour l'éducation, nous savons tous que la base d'une société commence par l'éducation ; de même, la société commence à partir de la famille.

De ce fait, l'éducation est un pas très important pour la formation d'une famille solide sous la base de la parole de Dieu. D'ailleurs, si vous n'êtes pas des gens éduqués, vous n'aurez aucun vision sur vos enfants et toute la famille entière.

Dieu a déclaré que son peuple périra, faute de connaissances ; cela veut dire, pour comprendre la parole de Dieu, ce que vous devez pratiquer dans votre vie et dans votre famille, vous devez avoir le maximum de connaissance de ses écrits et savoir comment les appliquées dans votre vie.

Il est aussi important de savoir que, si vous n'arrivez à garder votre famille sur la voie de l'Éternel, vous ne pouvez pas aussi dirigé la maison de l'Éternel.

Les familles chrétiennes doivent être des lumières mises sur des tables pour éclairé le monde à travers la parole de Dieu, et en faisant connaître la vérité à tout le monde, partageant la bonne nouvelle du royaume de Dieu.

En conclusion, la famille chrétienne est une pièce importante dans les sociétés, c'est d'elles-mêmes que Dieu veut montrer sa lumière, son existence et sa capacité d'agir...

<u>*La perception de la famille*</u>

Au prime à bord, la famille doit être fondé sur un foyer solide et efficace, selon la loi de l'Éternel.

À la base, nous avons l'amour qui est le premier de tout qui doit être toujours présent dans cette dernière ; l'amour permet de partager, de vivre sans conflits, de soigner les uns les autres, d'avoir une sérénité parfaite et de rester solidaire dans tout les moments de la vie.

Nous avons comme exemple, Abraham, l'un des hommes de Dieu qui a connu des difficultés dans sa famille malgré sa relation avec Dieu.

À noter que, notre relation avec Dieu ne peut pas empêcher les moments difficiles d'arriver sur notre chemin, mais, Dieu est toujours prêt à nous accordé sa force, son énergie et son pouvoir pour nous faire surpasser les épreuves si nous sommes disposés à vivre dans l'humilité et l'obéissance.

Normalement, à l'égard de l'église, les familles doivent être placées au premier rang de tout ce qui concerne les affaires de l'assemblée, d'ailleurs, cette couche chrétienne mérite beaucoup plus d'encadrement et de soutien dans les églises.

Pour les enfants, comme Jésus avait demandé à ses disciples : laissez venir vers moi les enfants, car le royaume des cieux est semblable à eux.

Vous savez déjà, mère ou père, que votre objectif est de prendre soin de vos enfants, les empêcher de devenir des personnes qui pratiquent le mal, comme les enfants de ce monde.

Vous rappelez vous peut-être de ce qui était arrivé à la maison d'Élie ?

Dieu avait puni la maison de cet homme à cause de ses enfants, alors qu'il n'avait pas contribué dans leurs actes.

Prenez garde de ne pas laisser vos enfants agir n'importe quelle manière, car votre famille serait menacé. Il est important que vous faites votre travail selon la parole de Dieu, redressent quand cela demande, s'ils sont devenus grand et ne veulent plus vous obéir, ne les acceptent pas de vivre dans votre maison, car, quand Dieu frappera, vous serez aussi toucher à cause de votre lâcheté.

Ne les maltraites pas, mais, comme un jardinier en prends soins de son jardin, agis avec douceur et amour, et quand cela demande de passer à l'action, fais-le, et explique les que c'est pour leur bien et qu'ils doivent appliqués les règles pour ne pas tomber dans des conditions inacceptable de la société.

Erreurs à ne jamais commettre dans votre vie.

Comme je vous le dis, je veux vous guider, vous aider à ne pas tomber dans les mêmes situations que certaines personnes qui souffrent aujourd'hui et peut-être même, qui sont obligé de souffrir en silence.

1- Si vous avez une vie chrétienne perçante, et que vous êtes utiliser dans les affaires de Dieu, votre maturité vous permet de comprendre les choses beaucoup plus différemment que les autres, n'acceptent jamais de tomber dans les bras d'une païennes ou d'un païen. Cela ne signifie pas que vous êtes plus que tout le monde, ou que vous êtes une personne raciste en ce sens, plutôt, vous devez protéger la grâce qui est en vous, éviter de perdre votre place dans la bergerie.

Les personnes non convertis sont très sensibles aux choses de ce monde, puisqu'elles ne sont pas nées de nouveau, le diable à beaucoup d'accès sur leur vie et elles peuvent jouées une rôle importante dans votre détournement spirituel.

Attention ! Je n'ai pas dit que vous devez les regarder d'une façon à les méprisés ou à les éviter comme s'ils n'étaient pas des humains.

Plutôt, vous devez faire en sorte que la place que vous êtes entrain de jouer à l'église ou sous les yeux de Dieu, de la conserver, car Dieu ne paie pas le commencement.

Cela ne signifie pas aussi, que vous ne pouvez pas tomber d'une manière ou d'une autre selon votre faiblesse, mais, peut-être avec quelqu'un qui connaît la voie de l'Éternel, qui l'observe et ne peut pas se sentir à l'aise dans le péché.

2- aimez selon le niveau de votre éducation.

Cela arrive souvent que l'on parvient à tomber pour quelqu'un qui n'a pas le même niveau d'éducation que vous, ou peut-être, qui est dépourvu d'éducation.

C'est un danger pour vous, homme sage et femme de connaissance, lorsque que vous avez accepté de fonder une famille avec une personne qui n'a point d'éducation.

Vous devez vous souvenir de cette parole, quand Jésus Christ a dit : laissé les morts ensevelis leur mort. Selon le contraste de cette parole, nous pouvons aussi dire que : que ceux qui se ressemblent s'assemblent ! De ce fait, apprenez qu'un homme intelligent sera être compris par une femme intelligente, un homme sage sera consoler par une femme de sagesse et un homme pauvre en esprit sera compris par une femme dépourvue de bon sens.

Dans le cas contraire, celui qui a de la sagesse peut comprendre celui qui n'en a pas, mais, l'inverse est difficile, voir même presque impossible.

Car, celui qui a du bon sens réprimande avec douceur, celle qui n'en a pas le vois comme quelqu'un qui cherche du querelle ; parce que c'est par les querelles que ces gens qui sont dépourvus de bon sens comprends et corriges les choses.

3- ne vous mariez pas par folie ou par esprit de compétition.

Le mariage est la dernière phase de combat dans la vie, la beauté du cérémonie ne fait pas l'objet de ce que représente le mariage dans sa réalité.

Prenez d'abord le soin de réfléchir à tout ce qui pourrait y arriver après avoir fait ce choix qui est question de toute une vie, il est préférable de souffrir hors du mariage, que de mener une vie de souffrance à la durée de votre engagement.

Réfléchissez, prenez votre temps et prier le seigneur pour vous aider à faire un choix compatible avec vous, sinon, votre salut est risqué.

Vous devez éviter de tomber sous la prophétie de (Luc 17 : 34) car, lorsque vous êtes mariés, vous êtes appelé à vivre l'un pour l'autre.

4- Ne fait pas des choix pour le bon plaisir des hommes, mais, selon la volonté et la parole de Dieu.

Parfois nos échecs sont des résultats du bon plaisir des autres, vous avez affaire à un monde où chacun à ses propres désirs ; certaines fois, des mauvaises conseils tombent dans nos tympans, si nous ne sommes pas prêts à comprendre, comme il est écrit

: heureux l'homme qui ne marche pas selon les conseils des méchants.

C'est une manière de vous enseigner à mettre Dieu avant toute chose dans votre vie, car, vous ne serez point déçu.

5- N'agit pas selon les apparences, car les apparences sont souvent trompeuses.

Parfois, en jugeant une personne selon son apparence, on se trompe et on perd souvent la bonne personne.

Juger par l'apparence d'une personne peut vous apprendre deux grandes choses :

1- la personne qu'on juge mal soit à travers son comportement, soit par ses manquements, est parfois la meilleure personne qui serait capable de vous donner le bonheur dans le mariage.

2- la personne jugée bel et bien conforme pour vous, à cause de ses biens ou quelque chose comme ça, vous pouvez courir à l'échec et même le regretter après un certain temps.

Par conséquent, il est important de prier le seigneur pour vous guider dans les choix, ça arrive aussi que, parfois, celui qu'on espère avoir dans notre vie n'est pas compatible à la nôtre ; alors, vous avez intérêt à être prudent, parce que le mariage est tout une vie.

Ne vous laissez pas aussi emporter par les situations, ce qui peut vous forcer à faire des choix par résignation ; c'est dangereux et vous pouvez le regretter...

Le mariage et son importance

Cette institution est parmi les autres, la plus belle, mais aussi, la plus coûteuse d'après une analyse faite à travers des expériences.

Le mariage est l'union officiel de deux personnes de sexe différents qui s'aiment et qui sont appelés à fonder une famille, jusqu'à bâtir une prospérité sociale.

On peut parler aussi de la dernière classe de l'école la vie, et c'est aussi un ministère, car la parole de Dieu dit que si quelqu'un n'est pas en mesure de géré son foyer, il ne peut pas non plus géré la maison de l'Éternel.

Cet engagement sacré à été institué par Dieu, tout le monde le connut et même le diable connaît l'importance de cette série d'alliance.

Avant d'aller plus loin, peut-être vous vous demandez pourquoi le diable en veut au mariage de ceux qui se disent enfants de Dieu? Et bien...

Voici quelques révélations que vous devez savoir :

1- premièrement, le mariage est un pas vers la victoire des croyants ; cela signifie que, le mariage nous permet de vivre dans la droiture et nos désirs qui sont tout naturels ne peuvent nous conduire à des pratiques pécheresse.

2- deuxièmement, cela permet aux chrétiens de vivre dans la sainteté, l'amour et la pureté.

Pour ne prendre que ces deux-là, il existe d'autres raisons pour lesquelles le diable en veut au mariage des chrétiens, mais, cela ne signifie pas que Dieu nous ont laissés seuls pour mener la lutte jusqu'à ce qu'on soit emparés sous les griffes du diable.

Dieu nous appel tous à nous approcher du plus près de lui, dans le mariage, qu'il soit la boussole qui oriente chacun des bien-aimés, afin que cet engagement soit une réussite pour tous.

D'après (Genèse 2 : 12) L'Éternel Dieu dit : il n'est pas bon que l'homme soit seul ; je lui ferai un aide semblable à lui.

Nous avons appris que le mariage est un choix catégorique pour tout les hommes, et cela, Dieu souligne que la femme soit un aide pour l'homme. Qu'est-ce que je voudrais insinué ? Je veux dire que l'homme à toujours été placé en son genre, cela veut dire que, la femme joue un rôle d'assistance à côté de son mari, et que cela devrait se faire avec beaucoup de soins et respect.

Une femme qui fait ses devoirs avec respect, qui connaît sa place dans le mariage et fait de son mieux pour que son mari et ses enfants soient heureux, c'est une femme vertueuse.

Autre chose que nous devons souligné dans le verset, c'est que la femme à été créé pour garantir le bonheur et la satisfaction de l'homme, pendant que l'homme, il se tient plus près de Dieu et accompli son dessein.

Dans le mariage, l'homme est appelé à traiter la femme avec amour et travailler pour protéger et prendre soin de sa famille.

Dans ce cas, la femme doit agir comme un brebis qui connaît la voie de son berger.

Parfois, certaines femmes sont elles-mêmes leurs propre obstacles dans le mariage ; Ce genre de femme il faut les éviter, car elle peuvent détruire la vie spirituelle des hommes.

Alors, femme, si vous voulez que votre mari soit heureux, éloigne toi de tes défauts, traite votre mari avec tendresse et respect, soyez soumise, oublie votre moi et vivez pour votre mari, delà, tu vivra ainsi pour votre Dieu.

Attention ! Homme, servez Dieu dans la droiture, traité votre femme avec amour, aimé votre femme comme vous vous aimez vous-même, accepte ses conseils, examinez les et vivez dans le bonheur. Ce sont des conseils !

Faites attention aux songes ou les révélations que vous faites ou que des gens vous apporte.

Les révélations jouent un rôle important aujourd'hui dans les foyers qui se construit dans les églises, sur avec les chrétiens optimistes ou naïfs.

Dieu peut confirmé un choix par des révélations, des songes et des visions, certainement. Cependant, saviez-vous que le diable aussi peut faire pareil ? À la fin du livre, je vous donnerez peut-être un petit témoignage.

La première chose que vous devez souligné, c'est que, Dieu ne peut pas se troublé lui-même. Cela veut dire, Il ne peut pas vous donner une révélation et vous donner ensuite le contraire.

Si Dieu vous a donné une révélation sur un choix, vous devez lui demander une confirmation certaine en utilisant d'autres personnes pour vous confirmé ce choix si c'est difficile.

Il est possible que votre Dieu puisse vous orienter vers la personne qui est compatible avec vous, mais, vous devez être convaincus que c'est Dieu qui vous à ouvert les yeux.

Ne précipitez pas! Comme je vous le dit, Satan est trompeur et menteur, il peut vous induire en erreur si vous n'ouvrez pas grand les yeux, sinon, vous souffrirez.

L'importance du mariage doit être connu et mis au large à travers toutes les églises, car, chaque foyer qui est née, c'est une nouvelle génération qui va commencer, surtout avec les enfants.

Les pasteurs, bergers ou responsables d'une assemblé, doivent assister les couples, les former et les aider à grandir sur le plan spirituel.

Apprenez-en à gérer votre engagement, à marcher suivant les recommandations de l'Éternel Dieu, car, il est écrit que personne ne doit ajouté, ni ôté dans sa parole ; cela veut dire que, si nous voulons réellement plaire à notre seigneur qui est dans les cieux, nous devons également obéir à sa voix pour marcher suivant sa voie.

La prière
Les types de prière, comment et où les faire ?

La prière, c'est la communication avec Dieu, et la seule et unique manière de nous approcher plus près de lui.

Jésus Christ étant venu sur la terre, il connaissait déjà que le monde avait besoin de quelque chose pour s'en approcher de l'Éternel Dieu.

Dans ses parcours, il a montré à quel point que la prière était une chose très importante dans la vie des croyants.

Il existe plusieurs types de prières, nous avons : -— La prière de remerciement : c'est adresser à Dieu des louanges, des paroles qui prouve votre reconnaissance envers lui ; lui remercier pour tout ce qu'il a fait dans votre vie ou peut-être quelque chose de spéciale qu'il a opéré dans votre vie.

— La prière de confession : c'est de confesser à Dieu tout ce que nous avons fait de mal à ses yeux, lui demander de nous remettre sur le droit chemin, quand notre pied heurte en chemin ; lui avouer tout ce qui s'est passé dans votre vie sans aucun réserve ou aucune discrétion ; car, il connaît tout, il voit tout.

— La prière de réconfort : c'est la prière adresser à l'Éternel Dieu pour lui demander de vous réconforter dans les moments difficiles, de vous accompagner dans votre situation et de vous tenir le bras pour ne pas être décourager.

— La prière de Guérison : demande fait à Dieu pour guérir vos maladies, guérir votre âme et votre esprit.

Parfois, quand vous vous sentez malade, vous avez seulement besoin de prier le seigneur, priez le avec de la foi, mettez votre souplesse et gémissez devant lui.

— La prière d'intersection : vous pouvez dans ce cas, prier pour quelqu'un de spécial, prier pour votre ville, votre pays et même le monde entier.

Vous pouvez aussi, prier pour d'autres congrégations, prier pour les pasteurs, prophètes etc...

Certains d'entre vous se demande, où peut-on prier si ce n'est pas à l'église ?

Et bien... La communication avec le seigneur ne dépend pas d'un endroit ou de l'église même, la seule chose, vous devez vous assurer que votre prière soit faite dans le secret, et que personne ne peut venir vous perturber.

Vous pouvez prier partout où vous êtes, dans le voiture, dans le travail, à la maison, à l'école etc...

Dieu est omniprésent, c'est-à-dire, qu'il est toujours prêt à nous entendre peut importe l'endroit où on se trouve.

Attention ! Pour que vos prières soient efficaces, vous devez d'abord confesser à Dieu vos péchés, lui demande vous vous accorder sa grâce et son pardon, et le remercier pour tout ce qu'il a fait dans votre vie.

Dieu est notre roi, et il est toujours disponible pour nous recevoir quand nous avons besoin de lui, il ne méprise pas, même si la réponse peut durée, mais, il a fixé un jour pour chaque chose.

D'après heureux 4 : 16 ; la parole de Dieu nous demande de nous approcher du seigneur afin que nous puissions obtenir miséricorde, grâce et pour être secourus à nos besoins.

L'Éternel Dieu veut que soyons honnête dans nos prières, il veut aussi que nous l'adressons comme un ami qui, pour nous, est notre seul recours ; de ce fait, ne manqués pas de prier, dans les bons ou les mauvais moments.

Vous pouvez réserver un moment spécial pour lui parler, lui demander tout ce que vous désirez et surtout, demande lui de vous aider à marcher dans la voie du royaume, et qu'il puisse vous donner de la force pour ne pas tomber en tentation ; car il est le seul qui peut vous aider à marcher dans la lumière, et pour cela, priez en tout temps, garde votre relation étroite au seigneur par la prière.

Si j'ai péché, est-il prêt à entendre ma prière ?

Si vous avez fait quelque chose qui est mal aux yeux de Dieu, il est toujours prêt à vous recevoir.

Cependant, vous devez d'abord lui confesser votre faute, lui demander pardon d'avoir péché contre lui et libéré votre conscience sans vouloir lui cacher quoi que ce soit ; déjà, il voit tout ce que nous faisons et rien ne peut lui être voilé.

Ne fait pas des prières d'hypocrisie, car il connaît l'état du cœur de l'homme et il n'exauce pas les hypocrites.

Quand saurais-je que Dieu m'a pardonner de mes péchés ?

Parfois l'esprit de culpabilité nous rend captifs malgré la liberté accordé par Dieu notre sauveur.

Alors, pour savoir si vous avez reçu le pardon de vos péchés, c'est à partir de votre conscience et de votre foi en Jésus Christ.

N'oubliez pas que je vous ai dit que, prier, c'est de vous faire débarrasser, vous rendre libre de conscience sans faire de l'hypocrisie ; si vous avez fait cela, vous avez seulement à croire que Dieu vous a accordé sa grâce et que votre prière à été reçue vers le trône de Dieu.

Vous aurez aussi la sensation de cette liberté, car Jésus Christ à dit : venez à moi vous tous qui êtes fatigués et chargés, je vous donnerai du repos. (Mathieu 11: 28) Ce repos dont parle le seigneur, est en faite une liberté radicale que l'on ne peut pas retrouver sur la terre, ce repos, il nous demande de fuir l'esprit de culpabilité, quand nous nous sommes débarrasser devant la face de l'Éternel.

Certaines fois, nous avons aussi besoin d'aller vers celui que nous avons causé du tort, et lui demande de nous pardonner.

Si la personne vous reçoivent et vous pardonnent, Dieu aussi il en fera de même, ni pour vous, ni pour lui, et s'il n'accepte pas, vous n'avez rien à craindre après avoir confesser à Dieu et de vous approcher de la personne, car, maintenant, ce n'est plus à toi qu'elle aura affaire à cause de votre conscience et votre reconnaissance.

Je ne sais pas comment prier!

Pour prier le seigneur, vous n'avez pas besoin de très grandes choses parce qu'il est toujours prêt à nous écouter.

Nous avons un exemple laisser par Jésus Christ, quand la foule lui avait posé cette même question.

Selon Mathieu 6 : 9 ; Jésus a clairement indiqué la façon dont nous devons formulés nos requêtes, cet exemple, vous pouvez l'utiliser comme un petit exercice quand vous débutez dans la prière.

Dans les jours suivants, commencés à demander à Dieu de pardonner vos péchés, vous guider dans tout ce que vous faites dans la vie ; demande lui de vous aider à ne pas tomber dans le péché, à fuir les désirs de ce monde et à vous envoyer sont Esprit-Saint pour vous guider, consoler et vous aider à ouvrir les yeux sur la parole.

Ne répétez pas les choses plusieurs fois, selon (Mathieu 6 : 7) il a dit de ne pas répété des vaines paroles, des paroles qui n'ont aucunes sens, sans importance, ou qui ne font pas l'objet de ce que vous avez réellement besoin dans votre requête.

Faites vos prières au nom de Jésus Christ, car il a clairement déclaré que tout ce que nous avons demandés en son nom, il le fera, et son père qui est dans les cieux sera glorifié. (Jean 14 : 13)

Quand vous adressez vos prières, fait le avec foi, car la foi est une ferme assurance et une démonstration de ce que l'on ne voit pas.

Si vous ne priez pas avec la foi, ce sera comme tiré de la pierre dans un océan.

(Mathieu 21 : 22) priez avec la foi, crois que vous avez reçu de que vous avez demander, et ainsi accomplira votre prière.

Exemple de prière que vous pouvez utiliser également selon votre demande ; vous pouvez le modifier en ajoutant selon votre besoin :

— *Prière de confession*

Seigneur Dieu tout puissant, je te remercie de m'avoir protéger dans toutes les épreuves de la vie, merci pour ta grâce abondante et ta miséricorde.

Je confesse que tu es Dieu ', et je suis venu vers toi pour confesser mes péchés.

Je m'adresse à toi en cet instant, pour demander par ta grâce et au nom de Jésus Christ, de me pardonner parce-que j'ai péché contre toi ; je suis coupable d'avoir accepté d'accomplir cette chose dans la vie, et je le regrette infiniment.

Je me sens éloigné de ta présence à cause mon péché qui est devant moi comme une barrière, elle m'empêche d'avoir l'esprit calme et la paix n'est point dans ma maison.

Pardonne moi, je te supplie, oh mon père céleste en Jésus Christ ; fait moi grâce, aie pitié de ton enfant, et cela ne recommencera plus jamais.

Je te remercie de m'avoir accordé la privilège d'approcher de ton saint trône, tu es un Dieu saint, capable et puissant.

Merci beaucoup pour ton secours, merci pour ton pardon ; je crois, cher seigneur, que maintenant, par le sang de Jésus Christ, tu m'as lavé, purifié et m'as rendu libre de mon péché.

Que ton nom soit béni ! Que toute la terre chante tes louanges et célèbre ton nom, toi qui règne aux siècles des siècles.

Ce fut la prière que j'ai adressé avec toi, au nom de Jésus Christ, Amen!

Conseils : Si vous êtes un inconvertis, vous devez trouver un assemblé, où vous pouvez apprendre davantage à travers les études et l'école dominicale selon le fonctionnement de l'église.

Vous pouvez entendre, et ensuite, pratiquer pour grandir dans la foi et la fermeté ; ne fait pas de négligence aux activités, aux cultes qui sont ouverts pour prier et adorer le seigneur, soyez intelligents.

Conclusion

En conclusion, le Grenier est un petit guide, cependant, le Grenier, selon la volonté de Dieu, aura d'autres parties à découvrir selon les termes qui nous sont très importants.

Ulysse, étant donné que j'ai commencé ce travail pour Dieu et pour vous, je souhaiterais que Dieu puis me donner de la force pour ne pas succomber.

Je mène actuellement en Haïti, une vie très difficile, et j'ai eu pas mal de difficultés en écrivant ce petit livre pour vous aider à comprendre certaines choses.

Dans le prochain Grenier, si Dieu me tiens toujours, nous aurons à découvrir les points essentiel dans la servitude de l'Éternel.

Je souhaite que ceux qui veulent servir le seigneur, lui sert avec courage, car c'est un chemin difficile.

D'après mon appel, ce que j'attends avec impatience, je voudrais travailler durement pour éclairer le monde et partager la vérité à tout le monde en prêchant la bonne nouvelle.

Christ revient... Oui! Vous pouvez voir comment le temps est difficile, alors, comme à dit l'apôtre : racheter le temps, car les jours sont mauvais.

Ne précipitez pas, car le diable ne veut pas que les croyants puissent vivre une vie heureuse dans ce monde ; mais, la garantie que nous avons, c'est que Dieu lui-même il nous a préparé un bonheur éternel.

Dans ce cas, priez pour votre vie, priez pour vos frères et sœurs, priez pour moi aussi, afin que l'église de SED soit construit pour vous faire vivre des moments extraordinaire avec notre Dieu.

Restez branchés pour mes prochaines ouvrages, que Dieu vous bénisse et vous protège mes frères et sœurs bien-aimés dans le seigneur...

Also by Ulysse Steevens Esaïe

La maîtresse du cœur
La maîtresse du cœur#2

Standalone
Amour perché
L'épouse écarlate
Noël sous les chandeliers
Les aventures de Zenzouilli
Le Grenier

About the Author

I'll s'agit d'un auteur très authentique, qualifié de détenteur de plusieurs œuvres littéraires et également s'est adapté à la créativité. Il est élégant, passionné de l'écriture et surtout, il possède une qualité très particulier.

L'auteur est un homme pensif et il a eu une carrière dans le domaine de l'éducation.

Ulysse Steevens Esaïe dit thomgiver, est porteur de certains projets visant à améliorer l'ambiance de la créativité.

En conclusion, il travaille pour plaire à tous ceux qui lui font confiance et poursuit son destin.

About the Publisher

Je suis Ulysse Steevens Esaïe dit thomgiver, je pense avoir le monopole de mes ouvrages.

Je publie mes ouvrages après les avoir écrits et je fait de l'auto-édition pour pouvoir m'assurer d'avoir mis tout en ordre. Je suis aussi le fondateur de vluedition, cela veux dire, qui dit vluedition dit thomgiver.

Si vous voulez savoir quelque chose d'autres, allez au dos de cet ouvrage.